100 DETOX SMOOTHIE OPSKRIFTER

EN SMOOTHIE-OPSKRIFTSBOG, DER HJÆLPER DIG MED AT AFGIFTE, TABE DIG, FÅ ENERGI OG KOMME I GANG MED DIN SUNDE LIVSSTIL

MALTHE BERGQVIST

Ansvarsfraskrivelse

Oplysningerne i denne e-bog er beregnet til at tjene som en omfattende samling af strategier, som forfatteren af denne e-bog har forsket i. Resuméer, strategier, tips og tricks er kun anbefalinger fra forfatteren, og læsning af denne e-bog garanterer ikke, at ens resultater nøjagtigt vil afspejle forfatterens resultater. Forfatteren af e-bogen har gjort alle rimelige anstrengelser for at give aktuelle og nøjagtige oplysninger til e-bogens læsere. Forfatteren og dens medarbejdere vil ikke blive holdt ansvarlige for eventuelle utilsigtede fejl eller udeladelser, der måtte blive fundet. Materialet i e-bogen kan indeholde oplysninger fra tredjeparter. Tredjepartsmateriale består af meninger udtrykt af deres ejere. Som sådan påtager forfatteren af e-bogen sig ikke ansvar eller ansvar for noget tredjepartsmateriale eller udtalelser. Uanset om det er på grund af internettets udvikling eller de uforudsete ændringer i virksomhedens politik og redaktionelle retningslinjer for indsendelse, kan det, der er angivet som kendsgerning på tidspunktet for dette skrivende, blive forældet eller uanvendeligt senere.

INDHOLDSFORTEGNELSE

SUPER GRØNNE SMOOTHIES 86

GRØNNE SMOOTHIES MED HØJ PROTEIN .111

DETOX SMOOTHIES TIL MORGENMAD 140

DETOX SMOOTHIES TIL FROKOST 169

DETOX SMOOTHIES TIL MIDDAG 198

KONKLUSION 223

INTRODUKTION

Hvad er detox?

Detox er dybest set udrensning af tarmene såvel som de indre organer ved en ændring af kosten.

Vores kroppe detox naturligt hver dag. Kroppen har sit eget rensesystem, der arbejder konstant - med urin, afføring , sved, og med vores ånde afgifter vi konstant.

Vi optager toksiner fra forurening, kemikalier og fødevaretilsætningsstoffer, men også fra medicin og tobak. Men den værste forurening er selvforskyldt ved at spise junkfood eller madkombinationer, der ikke er gode for os. Maden forbliver ufordøjet i tarmen, hvilket får den til at rådne, hvilket tillader toksiner at sprede sig ind i blodstrømmen gennem tarmvæggen. Det belaster nyrerne og leveren, hvis opgave det er at afgifte os og rense disse stoffer ud.

Når tarme og indre organer bliver overbelastede, opstår der forskellige ubalancer i kroppen og du kan føle dig udmattet, træt, have ømme led og lider af søvnløshed. I mange tilfælde anbefaler ernæringsterapeuter, at man først laver en detox, før man bestemmer en diagnose, blot for at gøre det nemmere at se, hvad det egentlige problem er.

Hvorfor detox/rense kroppen?

Når kroppen er overbelastet med toksiner, overfører den energi væk fra at brænde kalorier for at arbejde hårdere for at afgifte kroppen. Kroppen har med andre ord ikke energi til at forbrænde kalorier.

Men når kroppen effektivt skiller sig af med toksiner, kan energien bruges til at forbrænde fedt.

Du skal først befri din krop for toksiner for at sikre, at din krop bedst muligt kan omsætte den mad, du spiser, uden at efterlade overskydende affald, hvilket resulterer i vægtøgning.

Smoothies hjælper meget med dette!

Kriterier for en fantastisk Detox Smoothie

A. Det skal se smukt ud: Vi spiser først med øjnene, og ingen ønsker at drikke noget, der ligner sumpvand!

B. Det skal være sindssygt lækkert

C. Det skal være næringstæt med fantastiske ingredienser.

BEgyndere, der renser SMOOTHIES

1. bærgrøn

Ingredienser:

- 3 håndfulde spinat

- 2 kopper vand

- 1 æble, udkernet, skåret i kvarte

- 1 kop frossen mango

- 1 kop frosne jordbær

- 1 håndfuld frosne eller friske druer uden kerner

- 1 stevia pakke (tilsæt mere for at søde, hvis det er nødvendigt)

- 2 spsk malede hørfrø

- VALGFRI: 1 skefuld proteinpulver

Rutevejledning:

a) Kom bladgrønt og vand i blenderen og blend indtil blandingen har en grøn juice-lignende konsistens.

b) Stop blenderen og tilsæt de resterende ingredienser. Blend indtil cremet.

2. Æble jordbær

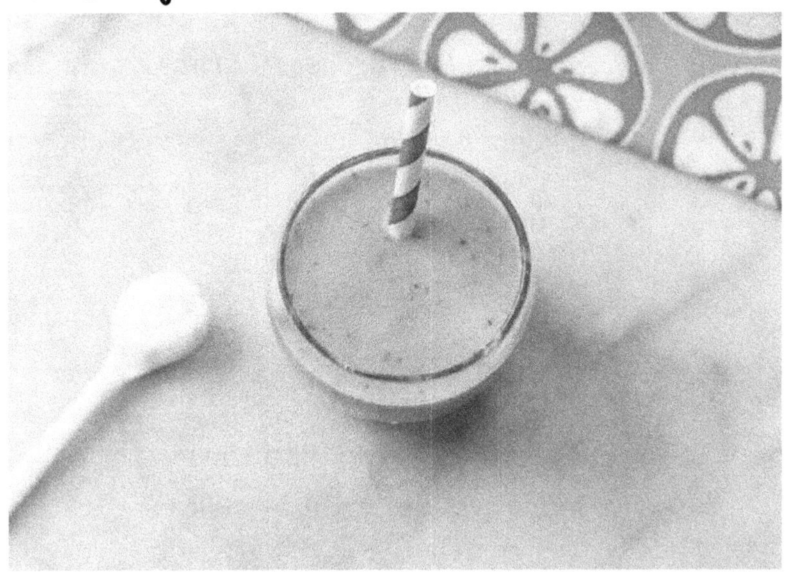

Ingredienser:

- 3 håndfulde forårsmix grønt

- 2 kopper vand

- 1 banan, skrællet

- 2 æbler, udkernede, i kvarte

- 1½ dl frosne jordbær

- 2 stevia-pakker (tilsæt mere for at søde, hvis det er nødvendigt)

- 2 spsk malede hørfrø

- VALGFRI: 1 skefuld proteinpulver

Rutevejledning:

a) Kom bladgrønt og vand i blenderen og blend indtil blandingen har en grøn juice-lignende konsistens.

b) Stop blenderen og tilsæt de resterende ingredienser. Blend indtil cremet.

3. Æblebær

Ingredienser:

- 1 håndfuld forårsmix grønt

- 2 håndfulde spinat

- 2 kopper vand

- $1\frac{1}{2}$ dl frosne blåbær

- 1 banan, skrællet

- 1 æble, udkernet og skåret i kvarte

- 1 pakke stevia

- 2 spsk malede hørfrø

- VALGFRI: 1 skefuld proteinpulver

Rutevejledning:

a) Kom bladgrønt og vand i blenderen og blend indtil blandingen har en grøn juice-lignende konsistens.

b) Stop blenderen og tilsæt de resterende ingredienser. Blend indtil cremet.

4. Berry Peachy

Ingredienser:

- 2 håndfulde grønkål

- 1 håndfuld spinat

- 2 kopper vand

- 2 æbler, udkernede, i kvarte

- $1\frac{1}{2}$ kopper frosne ferskner

- $1\frac{1}{2}$ kopper frosne blandede bær

- 2 pakker stevia

- 2 spsk malede hørfrø

- 1 skefuld proteinpulver

Rutevejledning:

a) Kom bladgrønt og vand i blenderen og blend indtil blandingen har en grøn juice-lignende konsistens.

b) Stop blenderen og tilsæt de resterende ingredienser. Blend indtil cremet.

5. Ferskenbær spinat

Ingredienser:

- 3 håndfulde spinat

- 2 kopper vand

- 1 kop frosne ferskner

- 1 håndfuld friske eller frosne druer uden kerner 1½ dl blåbær

- 3 pakker stevia til at søde

- 2 spsk malede hørfrø

- VALGFRI: 1 skefuld proteinpulver

Rutevejledning:

a) Kom spinat og vand i blenderen og blend indtil blandingen har en grøn juice-lignende konsistens. Stop blenderen og tilsæt de resterende ingredienser.

b) Blend indtil cremet.

6. Ananas spinat

Ingredienser:

- 2 kopper frisk spinat, pakket

- 1 kop ananas stykker

- 2 kopper frosne ferskner

- 2 bananer, skrællede

- $1\frac{1}{2}$ pakke stevia

- 2 kopper vand

- 2 spsk malede hørfrø

- VALGFRI: 1 skefuld proteinpulver

Rutevejledning:

a) Kom spinat og vand i blenderen og blend indtil blandingen har en grøn juice-lignende konsistens. Stop blenderen og tilsæt de resterende ingredienser.

b) Blend indtil cremet.

7. Ananas bær

Ingredienser:

- 2 håndfulde forårsmix grønt

- 2 håndfulde spinat

- 1 banan, skrællet

- 1½ dl ananas i stykker

- 1½ dl frosne mango bidder

- 1 kop frosne blandede bær

- 3 pakker stevia

- 2 kopper vand

- 2 spsk malede hørfrø

- VALGFRI: 1 skefuld proteinpulver

Rutevejledning:

a) Kom bladgrønt og vand i blenderen og blend indtil blandingen har en grøn juice-lignende konsistens. Stop blenderen og tilsæt de resterende ingredienser.

b) Blend indtil cremet.

8. Tygebær smoothie

1 portion

Ingredienser:

- 1-1½ kopper (200-300 ml) vand
- ½ kop (100 ml) mandler, udblødt
- 2 abrikoser, udblødte
- ¼ kop (50 ml) tyttebær, frosne eller optøede

Rutevejledning:

a) Blend 1 lille kop (200 ml) vand med mandler til en mælk. Si gennem en netsigte eller en nøddemælkspose. Hæld den siede mælk i blenderen. Tilsæt abrikoser og blend igen.

b) Blend bærrene i og tilsæt mere vand til ønsket konsistens.

9. Spinat Grønkålsbær

Ingredienser:

- 2 håndfulde grønkål

- 2 håndfulde spinat

- 2 kopper vand

- 1 æble, udkernet, skåret i kvarte

- 1 banan, skrællet

- $1\frac{1}{2}$ dl frosne blåbær

- 2 pakker stevia

- 2 spsk malede hørfrø

- VALGFRI: 1 skefuld proteinpulver

Rutevejledning:

a) Kom bladgrønt og vand i blenderen og blend indtil blandingen har en grøn juice-lignende konsistens. Stop blenderen og tilsæt de resterende ingredienser.

b) Blend indtil cremet.

10. Æble Mango

Ingredienser:

- 3 håndfulde spinat

- 2 kopper vand

- 1 æble, udkernet, skåret i kvarte

- 1½ dl mango

- 2 kopper frosne jordbær

- 1 pakke stevia

- 2 spsk malede hørfrø

- VALGFRI: 1 skefuld proteinpulver

Rutevejledning:

a) Kom spinat og vand i blenderen og blend indtil blandingen har en grøn juice-lignende konsistens. Stop blenderen og tilsæt de resterende ingredienser til blenderen.

b) Blend indtil cremet.

11. Ananas grønkål

Ingredienser:

- 2 håndfulde grønkål

- 1 håndfuld forårsmix grønt

- 2 kopper vand

- $1\frac{1}{2}$ kopper frosne ferskner

- 2 håndfulde ananas bidder

- 2 pakker stevia

- 2 spsk malede hørfrø

- VALGFRI: 1 skefuld proteinpulver

Rutevejledning:

a) Kom bladgrønt og vand i blenderen og blend indtil blandingen har en grøn juice-lignende konsistens. Stop blenderen og tilsæt de resterende ingredienser.

b) Blend indtil cremet.

12. Daglig detox af lime og dild

Serverer: 2

Ingredienser:

- 1/2 pære

- 1 kop hakket og frøet agurk

- 1/4 kop hakket frisk dild

- 1 lille avocado

- 1 kop babyspinat

- 2 spsk limesaft

- 1-tommers knop frisk ingefærrod, skrællet

- 1 kop frossen ananas

- 11/4 kopper vand

- 3 til 4 isterninger

Rutevejledning:

a) Placer alle ingredienserne undtagen isen i en blender, og kør indtil glat og cremet.

b) Tilsæt isen og bearbejd igen. Drik afkølet.

13. Peachy Kale Dream

Serverer: 2

Ingredienser:

- 1/2 avocado

- 1 kop frosne økologiske frosne ferskner

- 1 frossen banan, skåret i stykker

- 2 spsk frisk citronsaft

- 11/4 kopper vand

- håndfuld grønkål

- 3 til 4 isterninger

- Valgfrit: 2 til 3 udstenede dadler

Rutevejledning:

a) Placer alle ingredienserne undtagen isen i en blender, og kør indtil glat og cremet.

b) Tilsæt is og dadler (hvis du bruger det) og bearbejd igen. Drik afkølet.

14. Vandmelonkøler

Serverer: 2

Ingredienser:

- 2 kopper vandmelon uden kerner i tern

- 1 hel agurk, skrællet, kernet og hakket groft

- 1 stor håndfuld hakket grønkål

- 3 spsk frisk limesaft

- 1/4 kop hakket frisk mynte

- 1/4 kop hakket frisk basilikum

- 1 kop isterninger

Rutevejledning:

a) Kom vandmelon og agurk i en blender, og kør indtil glat og cremet.

b) Tilsæt de resterende ingredienser og bearbejd igen. Drik iskold.

15. Kanel Æble Smoothie

Serverer: 1

Ingredienser:

- 1 frossen banan, skåret i mundrette stykker

- 1 økologisk Granny Smith æble, udkeret og hakket (behold skindet på)

- 1 spsk frisk citronsaft

- 1 stor håndfuld babyspinat

- 1 kop koldt vand

- 2 til 3 udstenede dadler

- 1/2 tsk kanel

- 1/8 tsk muskatnød

- 4 til 5 isterninger

Rutevejledning:

a) Placer alle ingredienserne undtagen isen i en blender, og kør indtil glat og cremet.

b) Tilsæt isen og bearbejd igen. Drik afkølet.

16. Chokolade Chia Smoothie

Serverer: 2

Ingredienser:

- 1 kop vand

- 1 1/2 kopper frosne økologiske jordbær

- 1 spsk chiafrø

- 2 spsk rå kakaonibs

- 1 spsk rå kakaopulver

- 6 rå macadamianødder

- 3 udstenede dadler

- 1 frossen banan, skåret i mundrette stykker

- 1 stor håndfuld hakket grønkål

- 4 til 5 isterninger

Rutevejledning:

a) Kom vand og jordbær i en blender, og kør indtil glat og cremet.

b) Tilsæt chiafrø, kakaonibs, kakaopulver og macadamianødder; proces i 1 helt minut. Tilsæt dadler, frossen banan og grønkål, og bearbejd igen, indtil det er godt blandet. Tilsæt isen og bearbejd igen.

c) Server iskold.

17. Grøn te og ingefær Smoothie

Serverer: 2

Ingredienser:

- 1 Anjou pære, hakket

- 1/4 kop hvide rosiner eller tørrede morbær

- 1 tsk friskhakket ingefærrod

- 1 stor håndfuld hakket romainesalat

- 1 spsk hampefrø

- 1 kop usødet brygget grøn te, afkølet

- 7 til 9 isterninger

Rutevejledning:

a) Placer alle ingredienserne undtagen isen i en blender, og kør indtil glat og cremet.

b) Tilsæt isen og bearbejd igen. Drik afkølet.

18. Greeno-Colada

Serverer: 1

Ingredienser:

- 1 kop frossen hakket ananas

- 3 spsk rå, usødet, strimlet kokosnød

- 1 spsk frisk limesaft

- 1 håndfuld babyspinatblade

- 3 udstenede dadler

- 1 kop vand

- 4 til 5 isterninger

Rutevejledning:

a) Placer alle ingredienserne undtagen isen i en blender, og kør indtil glat og cremet. Tilsæt isen og bearbejd igen.

b) Drik iskold.

19. Mint Chokolade Chip Smoothie

Serverer: 2

Ingredienser:

- 1 frossen banan, skåret i mundrette stykker

- 1/2 kop frosne ferskner

- 1/2 kop rå macadamianødder

- 1/3 kop hakkede friske mynteblade

- 3 spsk rå kakaonibs

- 2 til 3 udstenede dadler

- 1/2 tsk ren vaniljeekstrakt

- 11/2 dl vand

- 3 eller 4 isterninger

Rutevejledning:

a) Placer alle ingredienserne undtagen isen i en blender, og kør indtil glat og cremet.

b) Tilsæt isen og bearbejd igen. Drik afkølet.

20. Sunny C Delight No-Milk Shake

Serverer: 1

Ingredienser:

- 1 appelsin, skrællet og hakket

- 1 kiwi, skrællet og hakket

- 5 udstenede dadler

- 1/2 kop frossen ananas

- 2 spsk hampefrø

- 1/2 kop vand

- 3 til 4 isterninger

Rutevejledning:

a) Placer alle ingredienserne undtagen isen i en blender, og kør indtil glat og cremet.

b) Tilsæt isen og bearbejd igen. Drik afkølet.

21.Jordbær og fløde

Serverer: 1

Ingredienser:

- 1/4 kop gammeldags havre

- 3 spsk hakkede rå macadamianødder
  (gerne udblødt i 1 til 2 timer)

- 1 kop frosne økologiske jordbær

- 4 udstenede dadler

- 1/4 tsk ren vaniljeekstrakt

- 1 kop iskoldt vand

- 3 til 4 isterninger

Rutevejledning:

a) Placer alle ingredienserne undtagen isen i
    en blender, og kør indtil glat og cremet.

b) Tilsæt isen og bearbejd igen. Drik
    afkølet.

22. Lime No-Milk Shake

Serverer: 2

Ingredienser:

- 1 frossen banan, skåret i mundrette stykker

- 1/4 kop moset avocado

- 2 spiseskefulde Nellie og Joe's Famous Key West Lime Juice

- 5 til 6 udstenede dadler

- 1/4 kop rå cashewnødder

- 1/8 tsk ren vaniljeekstrakt

- 1/8 tsk uraffineret havsalt

- 1 kop vand

- 8 isterninger

Rutevejledning:

a) Placer alle ingredienserne undtagen isen i en blender, og kør indtil glat og cremet.

b) Tilsæt isen og bearbejd igen. Drik afkølet.

23. Ingefær og vilde blåbær

Serverer: 2

Ingredienser:

- 1 kop frosne vilde blåbær (eller almindelige dyrkede frosne blåbær)

- 1/4 kop rå cashewnødder

- 1 banan, skåret i mundrette stykker

- 1 spsk frisk citronsaft

- 1/2 tsk ren vaniljeekstrakt

- 1 spsk friskrevet ingefærrod

- 5 til 6 udstenede dadler

- 1 kop koldt vand

- 5 til 6 isterninger

Rutevejledning:

a) Placer alle ingredienserne undtagen isen i en blender, og kør indtil glat og cremet.

b) Tilsæt isen og bearbejd igen. Drik afkølet.

24. Cappuccino No-Milk Shake

Serverer: 1

Ingredienser:

- 1 banan, skåret i mundrette stykker

- 1/2 kop vand

- 2 spsk hampefrø

- 8 mandler

- 1 tsk instant espressopulver

- 1/2 tsk kanel

- 1 tsk ren vaniljeekstrakt

- 4 svesker

- 11/2 kopper is

Rutevejledning:

a) Placer alle ingredienserne undtagen isen i en blender, og kør indtil glat og cremet.

b) Tilsæt isen og bearbejd igen. Drik iskold.

25. Cherry Vanilla No-Milk Shake

Serverer: 2

Ingredienser:

- 1 kop frosne udstenede kirsebær

- 1/4 kop rå macadamianødder

- 1/2 banan, skåret i stykker

- 1/4 kop tørrede gojibær (eller hvide rosiner)

- 1 tsk ren vaniljeekstrakt

- 1 kop vand

- 6 til 8 isterninger

Rutevejledning:

a) Placer alle ingredienserne undtagen isen i en blender, og kør indtil glat og cremet.

b) Tilsæt isen og bearbejd igen. Drik iskold.

26.Goji og Chia Jordbærskål

Samlet tid: 5 minutter

Udbytte: 1

ingredienser

- 1T gojibær
- 1T jordbær
- 1-tommer stykke kanelstang
- 2-4T chiafrø
- 1 T kokosolie
- 16 oz. kokosmælk
- 2T cashew mælk yoghurt
- 1/3 c hampefrø
- 2-3 store grønkålsblade
- 1 c frosne bær
- $\frac{1}{2}$ frossen banan

Vejbeskrivelse

a) Placer gojibær, kanel og chiafrø i din blender, og tilsæt nok kokosvand til at dække godt. Lad trække cirka 10 minutter.

b) Tilsæt det resterende kokosvand og resten af ingredienserne til blenderen og bearbejd den passende indstilling til smoothies, og tilsæt ekstra væske (kokosvand, vand eller nøddemælk) til din ønskede konsistens.

27. frugt og kokosmælk

Giver 4 portioner

ingredienser

- 1 10-ounce pose frosne blåbær eller anden frugt
- 3 modne bananer
- 1 kop almindelig yoghurt
- 1 kop usødet kokosmælk
- 2 spsk honning

Rutevejledning:

a) Purér blåbær, bananer, yoghurt, kokosmælk og honning i en blender.
b) Tjene.

28. Slumbery Smoothie

Ingredienser:

- 2 kopper babyspinat
- 1 kop mandelmælk
- 1 banan, skrællet og skåret i skiver
- 1 tsk honning

Rutevejledning:

a) Kom alle ingredienser i en blender og puré.

29. Succes Smoothie

Ingredienser:

- 1 kop jordbær, skåret i skiver
- 1 kop blåbær
- ⅓ banan, skåret i skiver
- 1 tsk malede hørfrø
- 1 håndfuld spinat
- 1 tsk honning

Rutevejledning:

a)   Blend alt sammen og nyd!

30. Grøn smoothie med figner

1 portion

Ingredienser:

- 2,5 ounce (70 g) babyspinat
- 1½-2 kopper (300-500 ml) vand
- 1 pære
- 2 figner, udblødt

Rutevejledning:

a) Blend spinat med 1½ kopper (300 ml) vand. Skær pæren, tilsæt sammen med fignerne og blend igen.

b) Tilsæt mere vand, hvis det er nødvendigt for at finde den rigtige konsistens til din smoothie.

31.Kiwi morgenmad

1 portion

Ingredienser:

- 1 pære

- 2 selleristængler

- gule kiwi frugter

- 1 spsk vand

- ½ tsk malet ingefær

Rutevejledning:

a) Skær pærer, selleri og en af kiwierne i
   store stykker og bland i blenderen med 1
   spsk vand, indtil det er en jævn
   konsistens.

b) Top med den anden kiwi, skåret i
   stykker, og malet ingefær.

32. Brombær og fennikel

Ingredienser:

- 1 æble

- $\frac{1}{2}$ fennikel

- $\frac{1}{4}$ kop (50 ml) vand

- $\frac{1}{2}$ kop (100 ml) brombær

Rutevejledning:

a) Skær æble og fennikel i stykker og bland med vand i en blender.

b) Server toppet med brombær.

33. Zucchini, pære og æble skål

1 portion

Ingredienser:

- ½ zucchini

- 1 pære

- 1 æble

- valgfrit: kanel og malet ingefær

Rutevejledning:

a) Skær zucchini og pærer i store stykker og blend i foodprocessoren.

b) Tilsæt æblet, skær det i store stykker, og fortsæt med at blende til en jævn konsistens.

c) Server i en skål og drys med kanel og ingefær.

34. Avocado og bær

Ingredienser:

- 1 avocado

- 1 pære

- 3½ ounce (100 g) blåbær

Rutevejledning:

a) Skær avocadoer og pærer i stykker.

b) Bland sammen i en skål og top med blåbær.

SUPER GRØNNE SMOOTHIES

35. Grønt kraftcenter

Ingredienser:

- 1 bundt grønkål
- ½ agurk
- 4 Selleristængler
- 1/3 fennikelløg og stilk
- 1 grønt æble
- 1 Fuji æble
- 1 pære
- ½ citron
- 1 tommer ingefær

Rutevejledning:

a) Blend alle ingredienser for at kombinere.

b) God fornøjelse.

36. Mavesutte

Ingredienser:

- 1 lille fennikelhoved
- 2 stilke selleri
- 1 håndfuld mynte
- 1 bundt fladbladpersille
- $\frac{1}{2}$ grønt æble
- 2 små citroner

Rutevejledning:

a) Blend alle ingredienser for at kombinere.

b) God fornøjelse.

37.Immun booster

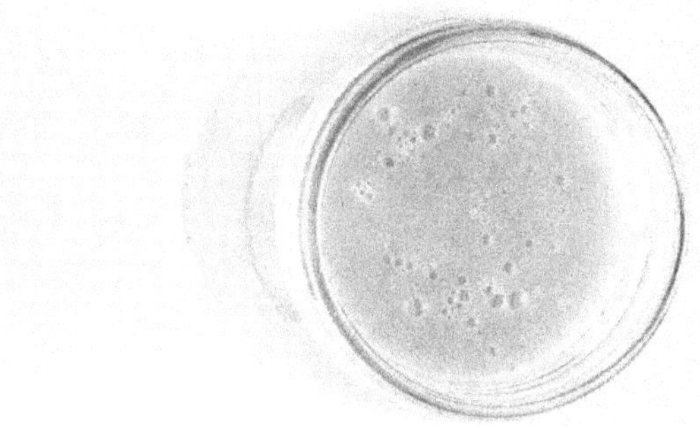

Ingredienser:

- ½ agurk
- 2 stilke selleri
- Håndfuld spinat
- 1 æble
- ½ citron
- 1 tommer ingefær

Rutevejledning:

a) Blend alle ingredienser for at kombinere.
b) God fornøjelse.

38. Ultra-cool grøn drik

Ingredienser:

- 8 Kiwier

- 3 grønne æbler

- 1/3 Agurk

- 1 stykke frisk ingefær

- Håndfuld frisk mynte

Rutevejledning:

a)   Blend alle ingredienser for at kombinere.

b)   God fornøjelse.

39. Lungernes detox

Ingredienser:

- 1 Agurk

- 1 Hoved Romainesalat

- 1 stor håndfuld persille

- 2 Meyer citroner

- 1 æble

- 1 tommer ingefær

Rutevejledning:

a) Blend alle ingredienser for at kombinere.

b) Ingefær er en af de ingredienser, der er århundreder gammel og er både smagfuld og kraftfuld. Det er et naturligt antiinflammatorisk middel og har vist sig at have dramatisk imponerende resultater hos personer, der lider af gigt. Vigtigst af alt er det en kraftfuld immunforstærker.

40. Spændende eftermiddagssnack

Ingredienser:

- 3 æbler
- 1 Agurk
- 1 citron
- 5 Grønkålstilke

Rutevejledning:

a) Blend alle ingredienser for at kombinere.

b) God fornøjelse.

41. Spinat med ananas

Ingredienser:

- $\frac{1}{2}$ ananas
- 1 Agurk
- 2 bundter spinat

Rutevejledning:

a) Blend alle ingredienser for at kombinere.

b) God fornøjelse.

42. Metabolisme booster

Ingredienser:

- 1 Agurk
- 3 stilke selleri
- Håndfuld frisk mynte
- 2 Grønkålsblade
- 1 skrællet citron

Rutevejledning:

a) Blend alle ingredienser for at kombinere.

b) God fornøjelse.

43. Ultragrøn Wake Up

Ingredienser:

- 1 pære
- 1 Agurk
- 4 stilke selleri
- 3 kviste mynte
- 4 små limefrugter

Rutevejledning:

a) Blend alle ingredienser for at kombinere.

b) God fornøjelse.

44. Eftermiddagskøler

Ingredienser:

- 1 æble
- 1 pære
- ½ agurk
- 3 Grønkålsblade
- Håndfuld frisk mynte

Rutevejledning:

a) Blend alle ingredienser for at kombinere.

b) God fornøjelse.

45. Stimulerende smoothie

Ingredienser:

- 1 bundt grønkål
- Stor håndfuld frisk mynte
- 2 æbler
- 1 citron skrællet

Rutevejledning:

a) Blend alle ingredienser for at kombinere.

b) God fornøjelse.

46. Citrus Delight

Ingredienser:

- 4 kopper spinat
- 1 bundt grønkål
- 2 appelsiner
- 1 Agurk

Rutevejledning:

a) Blend alle ingredienser for at kombinere.

b) God fornøjelse.

GRØNNE SMOOTHIES MED HØJ PROTEIN

47. Cashew Blast

Ingredienser:

- 5-7 kerner cashewnødder
- Spinatblade
- Citronsirup
- Ostemasse
- Sukker

Vejbeskrivelse

a) Kog spinatbladene halvt og slip for dens rå appel. Bland citronsirup og tyk ostemasse grundigt i en skål. Kværn cashewkerner og sukker til en groft blanding.

b) Kom de halvkogte blade i ostemassen og tilsæt de grove cashewkerner med sukker. Blend til sidst lidt for at give en ensartet konsistens. Nyd denne smoothie med toastbrød.

48. Yoghurt med kanel

Ingredienser:

- 1 moden agurk

- 1 kop havremælk

- En knivspids kanel

- Salt

- Koriander blade

- Probiotisk yoghurt

Vejbeskrivelse

a) Hak agurken i mellemstore stykker og
    blend alle ingredienser undtagen kanel i
    en kværn. Sæt den i køleskabet et
    stykke tid.

a) Lige inden servering tilsættes en
    knivspids kanel og pyntes med
    korianderblade.

49. Jordnødder med mynte og honning

Ingredienser:

- Jordnødder uden skal
- 1 håndfuld mynteblade
- Tyk ostemasse
- Honning
- Isterninger

Vejbeskrivelse

a) Kværn alle ingredienser sammen til en tyk ensartet pasta.

b) Til sidst tilsættes isterningerne og serveres koldt.

50. Kiwi Guava Burst

Ingredienser:

- 1 Kiwi
- 1 Guava
- Kokosmælk
- Friske majskerner
- Isterninger

Vejbeskrivelse

a) Skær kiwi og guava i små stykker.

b) Kværn majskernerne med kokosvand og
    tilsæt de hakkede frugtstykker deri.
    Server med isterninger.

51. Spinat overraskelse

Ingredienser:

- Brødskiver
- Spinatblade
- Yoghurt
- Citronsirup

Vejbeskrivelse

a) Blend spinatbladene i yoghurt. Tilsæt brødskiver og blend igen for at få en tyk konsistens.

b) Tilsæt citronsirup efter smag og server ved stuetemperatur.

52. Litchi med æg og honning

Ingredienser:

- Æggehvider
- Mælk
- 7-8 litchi
- 2 agurker
- Honning

Vejbeskrivelse

a) Blend æggehviden grundigt med mælk og honning. Skræl og hak litchi i små stykker og stil til side. Blend agurkerne med mælkeblandingen. Tilsæt litchi-stykkerne, så de flyder i smoothien.

b) Dette vil give smag og smag som ingen anden.

53. Mandel og banan

Ingredienser:

- 1 mellemstor banan
- Ananas i tern
- Friske mynteblade
- Brændte mandler
- Isterninger

Vejbeskrivelse

a) Skær mandlerne i fine stykker og stil dem til side. Blend banan, ananas og mynteblade sammen med isterninger for at give slush-agtig blanding.

b) Pynt med skiver mandler lige inden servering.

54. Salat med yoghurt og appelsin

Ingredienser:

- Økologiske salatblade
- Frisk tyk yoghurt
- Orange Pulp
- Is

Vejbeskrivelse

a) Blend yoghurten med orange frugtkød
for at give en glat pulpagtig tekstur. Kog
salaten halvt og tilsæt de hakkede blade
i yoghurtblandingen.

b) Blend grundigt. Til sidst tilsættes knust
is til denne blanding og serveres afkølet.

55. Pære og Banan Blast

Ingredienser:

- 1 økologisk pære
- Korianderstilke
- Mælk
- 1 moden banan
- Sukker

Vejbeskrivelse

a) Skær pæren i mindre stykker og stil den til side. Knus korianderstilkene i mælk. Tilsæt den modne banan til mælken og blend godt. Tilsæt sukker efter smag og tilsæt de hakkede pærestykker til smoothien.

b) Som en mulighed kan du tilføje mynteblade i smoothien for at forbedre smagen og smagen.

56. Spirulina Smoothie

Ingredienser:

- 1 tsk Spirulina
- 2-3 centimeter ingefærknop
- Spinatblade
- Frugtyoghurt
- Varmt vand

Vejbeskrivelse

a) Blend spirulinaen med spinatbladene sammen til en tyk pasta. Fortynd pastaen med frugtyoghurt efter smag og ønsket konsistens.

b) Kog ingefæren i varmt vand og udtræk dens smag. Tilsæt ingefærekstrakt til blandingen af spinat og spirulina.

c) Varm blandingen op, indtil den bliver lunken, og drik smoothien ved den temperatur, gerne før måltider.

57. Figen og valnød Smoothie

Ingredienser:

- 1-2 Friske Fig
- 3 jordbær
- Salt
- Valnødder
- Koriander blade
- Isterninger
- Mælk

Vejbeskrivelse

a) Tilsæt mælk, jordbær, figner og korianderblade til mælken og blend det, indtil det bliver glat og jævnt.

b) Bræk valnødderne i mindre stykker og knus dem med den nødvendige mængde salt.

c) Tilsæt den grove valnøddepressning lige inden servering. Serveres afkølet.

58. Pistacienødder og Banan Smoothie

Ingredienser:

- Pistacienødder
- Varmt vand
- 1 æble
- 1 banan
- 3 agurker

Vejbeskrivelse

a) Tilsæt hakkede æblestykker i varmt vand og knus bananen til en pasta. Riv agurkerne og kom dem i bananpastaen.

b) Bland pastaen godt og tilsæt den til det varme vand indeholdende æblestykker. Bland ikke. Skær pistacienødderne i to og tilsæt dem til æblekødet. Bland nu bare bananpastaen og æblekødet.

c) Brug det varme vand til at udjævne konsistensen. Serveres varm.

59. Soja Smoothie

Ingredienser:

- Æggehvider
- Sojamælk
- Hytteost
- Sukker
- Salt

Vejbeskrivelse

a) Blend æggehvider, sojamælk og hytteost for at give en kornet tekstur til smoothien. Tilsæt sukker og salt i en mængde, der giver smag til tungen.

b) På smoothien rives igen lidt hytteost.

60. Cow Pea Smoothie

Ingredienser:

- Tyk yoghurt

- Orange Pulp

- Koærter

- Mynte blade

- Friske løg

- Proteinkilde: Æggehvider, sojamælk, hytteost.

Vejbeskrivelse

a) Hak løgene fint og svits dem ved lavt blus. Læg dem til side. Kog koærterne halvt, så de bliver svampede og bløde.

b) Blend yoghurt, appelsinkød og løg sammen til en tyk pasta. Tilsæt koærter til sidst.

c) Brug mynteblade til at pynte under servering. Serveres afkølet.

DETOX SMOOTHIES TIL MORGENMAGEN

61. Grøn detox maskine

Ingredienser:

- 1/2 kop appelsinjuice

- 2 tsk ingefær

- 2 kopper Grønkål

- 1/2 kop koriander

- 1 lime (fjern kernerne, behold skrællen)

- 1 grønt æble

- 1 banan (frossen, hakket)

Rutevejledning:

a) Blend alle ingredienser for at kombinere.

b) God fornøjelse.

62. Grøn Blad Smoothie

Ingredienser:

- 1/2 kop æblejuice
- 2 kopper blandet grønt
- 1 kop spinat
- 1 citron (fjern kernerne, behold skallen)
- 1 pære
- 1 banan (frossen, hakket)

Rutevejledning:

a) Blend alle ingredienser for at kombinere.

b) God fornøjelse.

63.Grøn Avocado Smoothie

Ingredienser:

- 3/4 kop kokosvand
- 1/2 kop Grønkål
- 1/2 kop spinat
- 1/2 kop avocado
- 2 kopper kerneløse druer
- 1 pære
- 4 - 5 isterninger

Rutevejledning:

a) Blend alle ingredienser for at kombinere.

b) God fornøjelse.

64. Gulerod Smoothie

Ingredienser:

- 1/2 kop vand
- 1/2 kop skummetmælk
- 1/2 tsk. Kanel
- 1/8 kop gammeldags valset havre
- 1/2 kop spinat
- 2 små gulerødder eller 1 stor gulerod (med grønne toppe)
- 1 banan (frossen, hakket)
- 4 - 5 isterninger

Rutevejledning:

a) Blend alle ingredienser for at kombinere.

b) God fornøjelse.

65. Grøn Melon Smoothie

Ingredienser:

- 1/2 kop vand

- 3 spsk. Honning

- 1 limekile (fjern kernerne, behold skrællen)

- 1 kop Grønkål

- 1/2 kop cantaloupe

- 1/2 kop honningdug

- 4 - 5 isterninger

Rutevejledning:

a) Blend alle ingredienser for at kombinere.

b) God fornøjelse.

66. Forfriskende Agurk Delight

Ingredienser:

- 1/2 kop vand

- 4 spsk. Honning

- 2 kopper Grønkål

- 1 limekile (fjern kernerne, behold skrællen)

- 2 agurker (fjern kerner og skræl)

- 4 - 5 isterninger

Rutevejledning:

a) Blend alle ingredienser for at kombinere.

b) God fornøjelse.

67. Bærgrøn Smoothie

Ingredienser:

- 1/2 kop æblejuice
- 1 kop spinat
- 2 kopper blandede bær
- 1 banan (frossen, hakket)
- 4 - 5 isterninger

Rutevejledning:

a) Blend alle ingredienser for at kombinere.

b) God fornøjelse.

68. Banan smoothie

Ingredienser:

- 1/2 kop mælk
- 1/2 kop vaniljeyoghurt
- 2 tsk. Honning
- 1/4 tsk. Kanel
- 2 bananer
- 1 kop spinat
- 4 - 5 isterninger

Rutevejledning:

a) Blend alle ingredienser for at kombinere.

b) God fornøjelse.

69. Vandmelon Smoothie

Ingredienser:

- 2 kopper vandmelon
- 1 kop spinat
- 1/2 kop jordbær
- 1/2 kop frosne ferskner
- 4 - 5 isterninger

Rutevejledning:

a) Blend alle ingredienser for at kombinere.

b) God fornøjelse.

70. Peanut Butter Smoothie

Ingredienser:

- 1 kop skummetmælk
- 3 spsk. Jordnøddesmør
- 2 kopper spinat
- 1 banan (frossen, hakket)

Rutevejledning:

a) Blend alle ingredienser for at kombinere.

b) God fornøjelse.

71. Jordbær Banan Smoothie

Ingredienser:

- 1/2 kop vand

- 1/2 kop skummetmælk

- 1/2 kop vaniljeyoghurt

- 2 tsk. Honning

- 1 kop blandet grønt

- 1/2 kop jordbær

- 1 banan (frossen, hakket)

- 4 - 5 isterninger

Rutevejledning:

a) Blend alle ingredienser for at kombinere.

b) God fornøjelse.

72. Mandel drøm

Ingredienser:

- 1 kop mandelmælk
- 3 spsk. Mandelsmør
- 1 kop Grønkål
- 1 kop spinat
- 1/4 kop blåbær
- 1/4 kop brombær
- 4 -5 isterninger

Rutevejledning:

a) Blend alle ingredienser for at kombinere.

b) God fornøjelse.

73. Smoothie med grøn frugt og nødder

Ingredienser:

- 1 kop mandelmælk
- 1/4 kop solsikkefrø
- 1/4 kop cashewnødder
- 3 kopper spinat
- 2 datoer
- 1/2 kop blåbær
- 1 banan
- 4 - 5 isterninger

Rutevejledning:

a) Blend alle ingredienser for at kombinere.

b) God fornøjelse.

74. Minty Grøn Smoothie

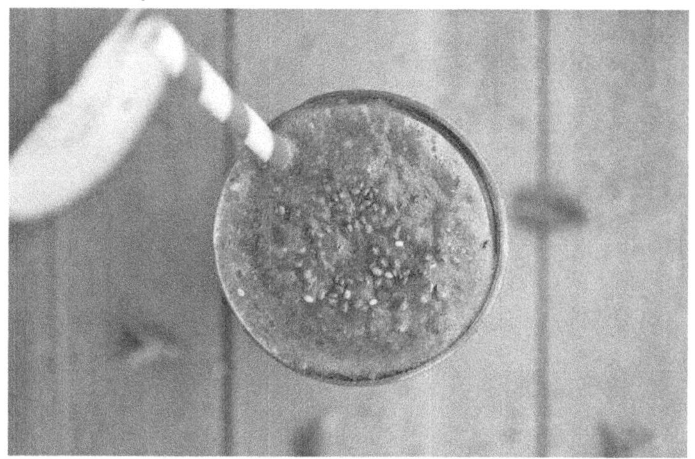

Ingredienser:

- 1/2 kop æblejuice
- 1 spsk. Stødt ingefær
- 1/4 kop mynteblade
- 1 kop spinat
- 1 kop Grønkål
- 1 pære
- 4 - 5 isterninger

Rutevejledning:

a) Blend alle ingredienser for at kombinere.

b) God fornøjelse.

DETOX SMOOTHIES TIL FROKOST

75. Selleri grøn smoothie

Ingredienser:

- 1 stilk Selleri, skåret i tynde skiver
- 4 rigtige modne bananer
- En håndfuld babyspinat
- 1 kop isvand eller isterninger

Rutevejledning:

a) Tilsæt alle disse ingredienser til blenderen og purér indtil glat.

76. Collard grøn smoothie

Ingredienser:

- 4 oz. Kokosmælk

- 1 frossen banan

- 1 kop blåbær

- 1 kop kerneløse druer

- En håndfuld Collard Greens, uden stængler
  og stilk.

- $\frac{1}{2}$ kop isvand eller isterninger

Rutevejledning:

a) Tilsæt alle disse ingredienser til
   blenderen og purér, indtil det er en
   smoothie. Den her er rigtig god.

b) Al den blanding af smag ville gøre en
   velsmagende frokost.

77. Mango Grøn Smoothie

Ingredienser:

- 1 frossen banan
- 1 Mango, skåret i skiver
- 2 gode håndfulde Babyspinat
- 1 kop isvand

Rutevejledning:

a) Tilsæt alle disse ingredienser til blenderen og purér indtil glat

78. Krydret lækker grøn smoothie

Ingredienser:

- $\frac{1}{2}$ kop ren vanilje mandelmælk
- 1 banan
- Et strejf af kanel
- 1 håndfuld spinat
- 1 spsk Vallepulver
- 1 kop is

Rutevejledning:

a) Tilsæt alle disse ingredienser til blenderen og purér indtil glat.

79.Grøn Smoothie til alle formål

Ingredienser:

* 1 banan
* 1 skåret æble
* 1 skåret pære
* 1 stilk Selleri, skåret op
* $\frac{1}{2}$ citron
* 2 håndfulde spinat
* 1 håndfuld romainesalat
* En lille smule persille
* Lidt koriander
* 1 kop is

Rutevejledning:

a) Tilsæt alle ingredienserne til blenderen og pres derefter citronen over. Purér indtil det er glat.

80. Grøn te smoothie

Ingredienser:

- 1 kop grøn te
- 1 gulerod
- 1 banan
- 2 håndfulde grønkål (uden stilke eller stilk)
- Få isterninger _

Rutevejledning:

a) Tilsæt alle ingredienserne til blenderen og purér, indtil det er glat. Denne er et godt valg til frokost.

81. Citron Agurk Grøn Smoothie

Ingredienser:

- 1 Agurk

- 1 pære, skåret i skiver

- 4 Selleristængler

- 1 skrællet citron

- $\frac{1}{2}$ kop isvand

Rutevejledning:

a) Tilsæt alle disse ingredienser til
blenderen og purér, indtil de er glatte.

b) Perfekt udvalg til frokost; denne vil give
dig den energi, du har brug for resten af
eftermiddagen.

82. Cashew Grøn Smoothie

Ingredienser:

- 1 kop kokosvand
- $\frac{1}{2}$ kop cashewnødder
- 1 banan
- 2 datoer
- 1 spsk hørfrø
- En håndfuld spinat

Rutevejledning:

a) Tilsæt alle ingredienserne til blenderen og purér, indtil det er glat.

b) Denne her er lækker og cashewnødderne giver den noget særligt. Godt valg til frokost

83. Orange grøn smoothie

Ingredienser:

- 1 banan

- 5 store jordbær

- $\frac{1}{2}$ kop skrællet appelsin

- $\frac{1}{2}$ kop skåret æble

- En lille smule hørfrø

- 2 håndfulde spinat

- 1 kop isvand

Rutevejledning:

a) Bland alle ingredienserne i blenderen og purér, indtil det er glat.

b) Denne er vidunderlig og perfekt til frokost.

84. Frugt og grøn smoothie

Ingredienser:

- 1 lille beholder almindelig græsk yoghurt
- 1/2 kop naturligt proteinpulver
- $\frac{1}{2}$ kop blåbær
- $\frac{1}{2}$ kop ferskner, skåret i skiver
- $\frac{1}{2}$ kop ananas, skåret i skiver
- $\frac{1}{2}$ kop jordbær
- $\frac{1}{2}$ kop mango, skåret i skiver
- 1 håndfuld grønkål (fjern stilk og stilke)
- $\frac{1}{2}$ kop isvand

Rutevejledning:

a) Tilsæt alle disse ingredienser til blenderen og purér indtil glat.

b) Denne er ude af denne verden.

85. Ingefærgrøn Smoothie

Ingredienser:

- Lille håndfuld persille

- 1 agurk, skåret i skiver

- 1 skrællet citron

- 1 tomme ingefærrod

- 1 kop frosne æbler

- 1 håndfuld grønkål (uden stilke og stilke)

- $\frac{1}{2}$ kop isvand

Rutevejledning:

a) Bland alle disse ingredienser i blenderen og purér indtil glat. Denne er meget god.

b) Alle disse ingredienser er vidunderlige sammen. Godt valg til frokost

86. Melon grøn shake

Ingredienser:

- $\frac{1}{2}$ kop sorte kirsebær, udstenede
- 1 banan
- Lille håndfuld grønkål, skåret op
- $\frac{1}{2}$ kop blåbær
- $\frac{1}{2}$ kop grøn melon
- $\frac{1}{2}$ kop kokosvand
- $\frac{1}{2}$ kop isterninger

Rutevejledning:

a) Tilsæt alle disse ingredienser til blenderen og purér, indtil det er glat. Denne er meget god.

b) Alle smagene er vidunderlige sammen.

87. Mandel Kokos Yoghurt Grøn Smoothie

Ingredienser:

- 1 kop mandel kokos yoghurt
- En flok koriander
- Håndfuld spinat
- Avocado, skåret i skiver
- 1 kop blåbær, jordbær eller hindbær
- 1 Mango, skåret i skiver
- $\frac{1}{2}$ kop kokosvand
- Knip havsalt
- Isvand

Rutevejledning:

a) Tilsæt alle ingredienserne til blenderen og purér, indtil det er glat. Tilsæt vandet efter behov. Dette er en lækker grøn smoothie med en fantastisk smag.

b) Al denne blanding af smag er en fornøjelse at drikke.

88. Forfriskende grøn smoothie

Ingredienser:

- 1 kop ananas, skåret i stykker
- 1 frossen banan, skåret i stykker
- 1 Mango, skåret i skiver
- $\frac{1}{2}$ kop isvand
- Håndfuld babyspinat

Rutevejledning:

a) Tilsæt alle ingredienserne til blenderen og purér, indtil det er glat. Denne her er virkelig lækker og forfriskende.

b) Dette er et godt valg til frokost.

DETOX SMOOTHIES TIL AFDADEN

89. Minty Raspberry Green Smoothie

GØR: 2 portioner

Ingredienser:

- $1\frac{1}{2}$ kopper (78g) mælkebøttegrønt

- $\frac{1}{4}$ kop (23 g) hakket mynte

- $2\frac{1}{2}$ kopper (308 g) frosne hindbær

- 1 udstenet Medjool-dato

- 2 spsk malede hørfrø

- Demineraliseret vand

Rutevejledning:

a) Tilsæt alle ingredienserne undtagen det rensede vand til den høje kop. Tilsæt vand som ønsket, mens du sikrer, at det ikke passerer Max Line .

b) Bearbejd indtil glat.

90. Berry Cleanser Smoothie

GØR: 2 portioner

Ingredienser:

- 3 Chard blade, stilke fjernet

- $\frac{1}{4}$ kop (28 g) modne tranebær

- 2 kopper (288 g) blåbær

- 1 udstenet Medjool-dato

- 2 spsk malede hørfrø

- Demineraliseret vand

Rutevejledning:

a) Tilsæt alle ingredienserne undtagen det rensede vand til den høje kop. Tilsæt vand som ønsket, mens du sikrer, at det ikke passerer Max Line .

b) Bearbejd indtil glat.

91. Grøn Twist Smoothie

GØR: 2 portioner

Ingredienser:

- 1 kop (67 g) Grønkål, stilke fjernet, ribben fjernet og hakket

- 1 kop (55 g) mælkebøttegrønt

- 1 Appelsin, skrællet, kernet og hakket

- 2 kopper (288 g) jordbær

- 2 kiwier, skrællet og hakket

- ½ spsk citronsaft

- Demineraliseret vand

Rutevejledning:

a) Tilsæt alle ingredienserne undtagen det rensede vand til den høje kop. Tilsæt vand som ønsket, mens du sikrer, at det ikke passerer Max Line .

b) Bearbejd indtil glat.

92. Pina Colada Grøn Smoothie

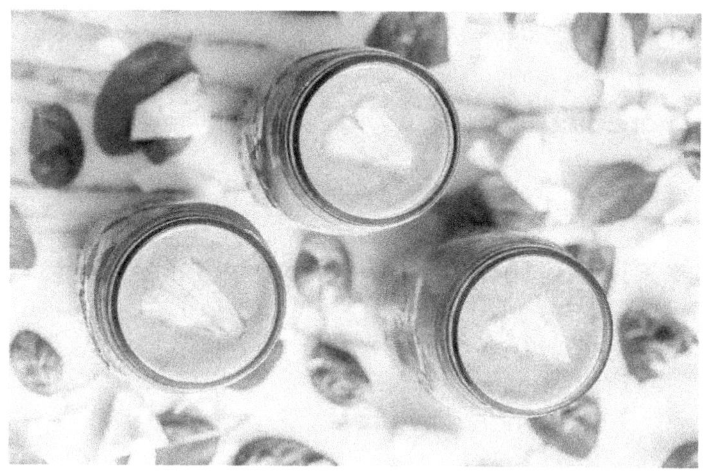

GØR: 2 portioner

Ingredienser:

- 2 kopper (76 g) Rødbede

- 1 kop (166 g) frisk ananas, hakket

- 1 kop (144 g) blåbær

- 1 spsk malede hørfrø

- 1 spsk økologisk kokosolie

- 1 kop (240 ml) kokosvand

- Demineraliseret vand

Rutevejledning:

a) Tilsæt alle ingredienserne undtagen det rensede vand til den høje kop. Tilsæt vand som ønsket, mens du sikrer, at det ikke passerer Max Line .

b) Bearbejd indtil glat.

93. Brøndkarse Tranebærkøler

GØR: 2 portioner

Ingredienser:

- 2 kopper (70 g) Brøndkarse

- $\frac{1}{4}$ kop (28 g) friske modne tranebær

- 1 moden banan, skåret i skiver

- 1 Appelsin, skrællet og hakket

- 1 udstenet Medjool-dato (valgfrit)

- 1 spsk pulveriseret hvedegræs

- Demineraliseret vand

Rutevejledning:

a) Tilsæt alle ingredienserne undtagen det rensede vand til den høje kop. Tilsæt vand som ønsket, mens du sikrer, at det ikke passerer Max Line .

b) Bearbejd indtil glat.

94. Grape Berry Smoothie

GØR: 2 portioner

Ingredienser:

- 2 kopper (60 g) frisk babyspinat, stilke fjernet og hakket

- ½ kop (46 g) grønne druer uden kerner

- 1 kop (124 g) Hindbær

- 1 Medjool-dato (valgfrit)

- 2 spsk Chiafrø

- 1 tsk økologisk kanelpulver

- Demineraliseret vand

Rutevejledning:

a) Tilsæt alle ingredienserne undtagen det rensede vand til den høje kop. Tilsæt vand som ønsket, mens du sikrer, at det ikke passerer Max Line .

b) Bearbejd indtil glat.

95. Blåbær ingefærgrøn smoothie

GØR: 2 portioner

Ingredienser:

- 2 kopper (60 g) babyspinat

- 2 kopper (288 g) blåbær

- 1 moden banan, skåret i skiver

- 1-tommer (2 cm) ingefærrod, vasket og hakket

- 2 kopper (480 ml) økologisk kokosvand

- Renset vand (valgfrit)

Rutevejledning:

a) Tilsæt alle ingredienserne undtagen det rensede vand til den høje kop. Tilsæt vand som ønsket, mens du sikrer, at det ikke passerer Max Line .

b) Bearbejd indtil glat.

96. Avocado Æblegrøn Smoothie

GØR : 2 portioner

Ingredienser:

- 2 kopper (76 g) forårsgrønt

- 1 grønt æble, udkernet og hakket

- 1 skive (100 g) avocado

- $\frac{1}{2}$ kop (46 g) røde druer

- $\frac{1}{2}$ kop (77 g) Blåbær

- $\frac{1}{2}$ tsk citronsaft

- Demineraliseret vand

Rutevejledning:

a) Tilsæt alle ingredienserne undtagen det rensede vand til den høje kop. Tilsæt vand som ønsket, mens du sikrer, at det ikke passerer Max Line .

b) Bearbejd indtil glat.

97. Elegant schweizisk chia

GØR : 2 portioner

Ingredienser:

- ½ kop (30 g) frisk persille

- 1½ kopper (54 g) Chard, hakket

- 2 modne ferskner, udstenede og hakkede

- 1 Medjool-dato

- 1 kop (144 g) jordbær

- 2 spsk Chiafrø

- Demineraliseret vand

Rutevejledning:

a) Tilsæt alle ingredienserne undtagen det rensede vand til den høje kop. Tilsæt vand som ønsket, mens du sikrer, at det ikke passerer Max Line .

b) Bearbejd indtil glat.

98. Spring Green Power Smoothie

GØR : 2 portioner

Ingredienser:

- 2 kopper (76 g) forårsgrønt

- 1 moden mango i tern

- 1 Appelsin, skrællet, kernet og hakket

- 1 kop (124 g) Hindbær

- 2 spsk Chiafrø

- 1 spsk malede hørfrø

- Demineraliseret vand

Rutevejledning:

a) Tilsæt alle ingredienserne undtagen det rensede vand til den høje kop. Tilsæt vand som ønsket, mens du sikrer, at det ikke passerer Max Line .

b) Bearbejd indtil glat.

99. Grøn Coco Berry Smoothie

GØR : 2 portioner

Ingredienser:

- 2 kopper (72 g) Chard, revet

- $\frac{1}{2}$ kop (83 g) ananas i skiver

- 1 kop (144 g) blåbær

- 1 kop (152 g) honningmelon, hakket

- 1 spiseskefuld ekstra jomfru kokosolie

- Demineraliseret vand

Rutevejledning:

a) Tilsæt alle ingredienserne undtagen det rensede vand til den høje kop. Tilsæt vand som ønsket, mens du sikrer, at det ikke passerer Max Line .

b) Bearbejd indtil glat.

100. Blandet Gojibær Smoothie

GØR : 2 portioner

Ingredienser:

- 2 kopper (110 g) Romainesalat, hakket

- 1 moden banan, skåret i skiver

- ¼ kop (30 g) Gojibær

- 1 kop (144 g) blandede bær

- 1-tommer (2,5 cm) ingefærrod

- Demineraliseret vand

Rutevejledning:

a) Tilsæt alle ingredienserne undtagen det rensede vand til den høje kop. Tilsæt vand som ønsket, mens du sikrer, at det ikke passerer Max Line .

b) Bearbejd indtil glat.

KONKLUSION

At starte din morgen med en grøn smoothie kan hjælpe med at sætte en god tone for hele dagen. De fleste af disse detox-smoothies er kun 100 kalorier pr. portion, så du vil gerne parre det med noget andet, som et æg eller noget jordnøddesmør på fuldhvede toast, hvis det skal være et måltid. Du kan også nyde det som snack. Smoothies er fyldt med antioxidant-rige superfoods, og de er naturligt søde til at knuse din sukkertrang uden tilsat sukker.